Maria Eigl

Rosen aus Bändern

ENGLISCH VERLAG

Die Deutsche Bibliothek – CIP-Einheitsaufnahme
Rosen aus Bändern / Maria Eigl. – Wiesbaden: Englisch, 1998
ISBN 3-8241-0826-7

ISBN 3-8241-0826-7

Titelbild: Frank Schuppelius
Fotos: Susanna Héraucourt-Multer
Herstellung: Michael Feuerer
Printed in Spain

Inhaltsverzeichnis

Vorwort

Rosendrehen aus Bändern liegt immer im Trend! Diese Technik übe ich schon seit mehreren Jahren aus und sie begeistert mich immer wieder aufs Neue. Selbstgedrehte Rosen lassen sich vielfältig verwenden, z. B. für Tischdekorationen, als kleine Geschenke oder als das I-Tüpfelchen auf einer schönen Verpackung, um nur einige Vorschläge aufzuzählen. Zudem spricht für diese kreative Technik auch der geringe Materialverbrauch. Etwas Geduld beim Ausprobieren brauchen Sie schon, aber wenn Sie den „Dreh“ erst einmal heraus haben, ist kein Stück Band mehr vor Ihnen sicher. Ich spreche hierbei aus eigener Erfahrung. Es würde mich sehr freuen, wenn ich Ihnen mit diesem Buch eine Anregung für ein neues kreatives Hobby geben kann. Ich wünsche Ihnen nun viel Freude beim Ausprobieren und Nacharbeiten der vorgestellten Rosen und Dekorationen.

Ihre Maria Eigl

Verschiedene Rosen aus unterschiedlichen Bändern nach der Grundanleitung

Material und Hilfsmittel

Zum Anfertigen der Rosen benötigen Sie folgende Materialien und Hilfsmittel:

- Bänder mit oder ohne Drahtkante
- 0,3 mm starken Messingdraht
- Schere
- Zange
- Maßband
- Heißleim

Weitere Materialangaben finden Sie bei den einzelnen Motiven.
Die Farbangaben in diesem Buch sind lediglich Empfehlungen von mir, natürlich können Sie die Bänder auch nach Ihrem eigenen Geschmack wählen.

Grundanleitung

Einfache Rose

Für eine einfache Rose benötigen Sie ein ca. 0,6 m langes Band von 40 mm Breite.

1. Streichen Sie zuerst das Band glatt und halten Sie es waagerecht am rechten Ende mit einem Abstand von ca. 5 cm mit beiden Händen fest. Falten Sie nun das rechte Ende diagonal nach unten. Anschließend wird die diagonal gefaltete Seite 3-mal etwa 5 mm nach links eingeschlagen.
2. Schlagen Sie nun die obere Kante 2-mal ebenfalls ca. 5 mm nach hinten um.

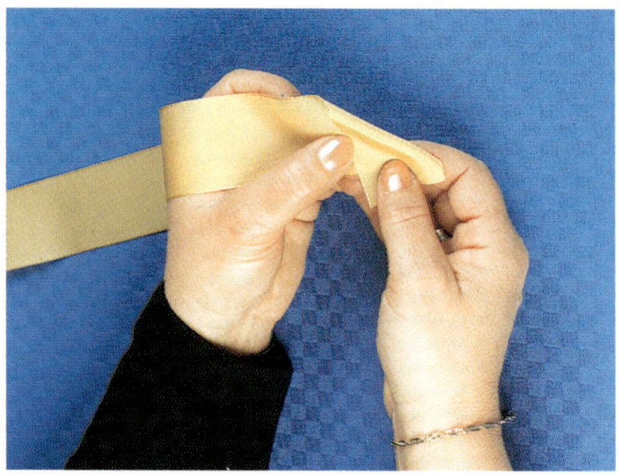

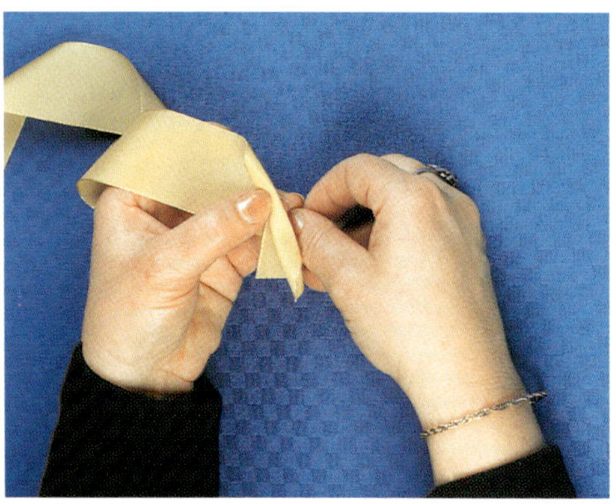

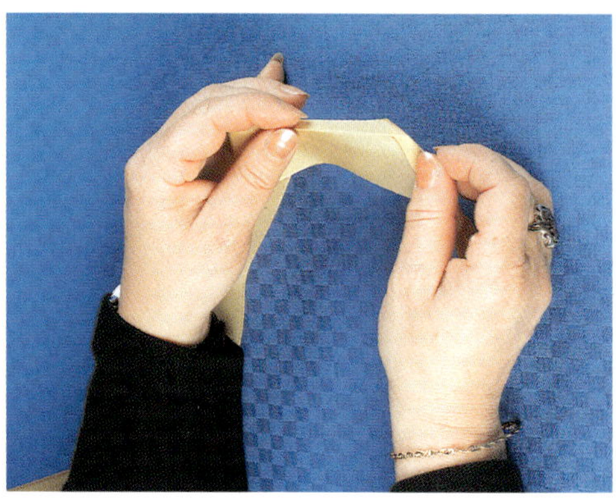

3. Wie bei Schritt 1 wird nochmals die diagonal gefaltete Seite ca. 5 mm nach links eingeschlagen.

4. Der so entstandene Blütenstempel wird nun mit der rechten Hand festgehalten. Nehmen Sie das Band mit der linken Hand von unten zwischen Daumen und Zeigefinger und drehen Sie es mit einer halben Umdrehung nach außen.

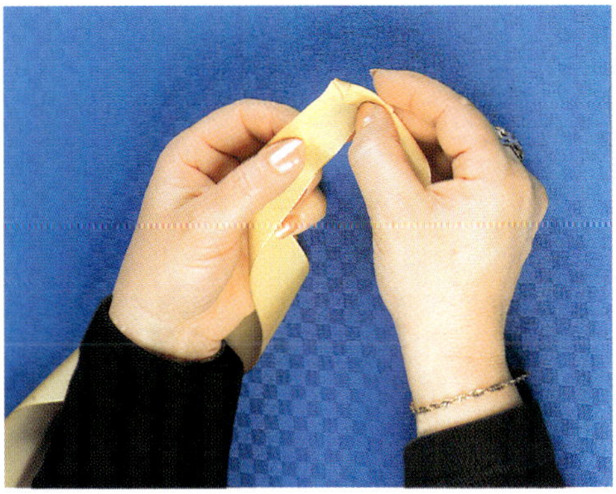

5. Drehen Sie nun die Rose ein Stück und halten Sie sie wieder zwischen Daumen und Zeigefinger.

6. Mit dem fortlaufenden Band in der linken Hand wird die obere Kante des Bandes nach außen in einer halben Umdrehung von oben nach unten gelegt und wieder festgehalten. Anschließend wird die Rose wieder gedreht und das Band, wie beschrieben, nach unten gefaltet, bis die Rose fertig ist. Lassen Sie ein Stück Band von 10 cm Länge überstehen.

7. Nun wird das Ende des Bandes 3–5 mal in sich gedreht und unter der Rose fest angelegt.

8. Um das Band zu befestigen, wird unterhalb der Rose mit dünnem Draht mehrmals fest umwickelt. Weitere Schritte werden bei den einzelnen Motiven beschrieben.

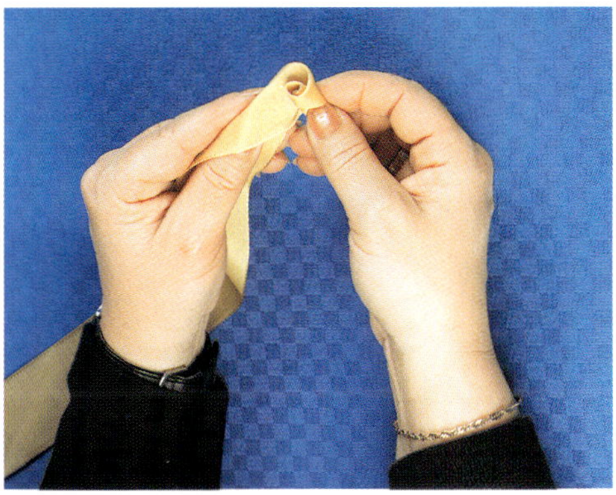

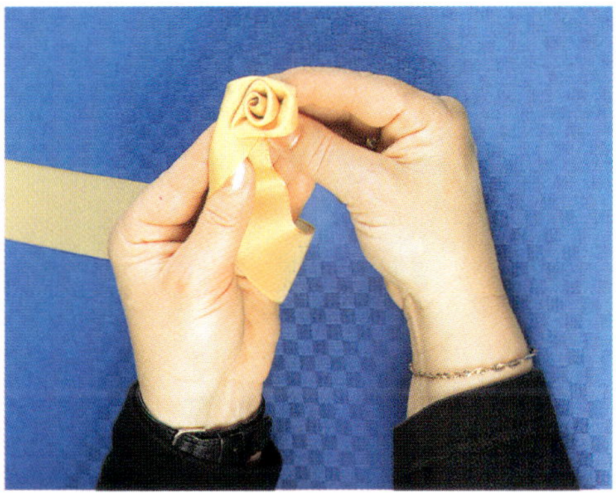

Rose aus doppeltem Band

Die Rose aus doppeltem Band wird genauso wie die aus einem Band (siehe Grundanleitung „Einfache Rose“) gearbeitet, jedoch verwenden Sie zwei Bänder von 60 cm Länge und unterschiedlicher Breite (40 mm und 25 mm breit). Sie können natürlich auch gleich breite Bänder verwenden und zweifarbige Rosen drehen. Legen Sie das schmale über das breite Band und achten Sie darauf, dass beim Drehen der Rose die Bänder nicht verrutschen.

Anfertigen der Rosenstiele

Die fertig gedrehten Rosen können Sie mit Stielen versehen, indem Sie einen 1 mm starken Draht an einem Ende mit einer Zange zu einer Öse biegen, darauf das unten überstehende Band der Rose mit dünnem Draht festwickeln und das überstehende Band abschneiden. Die Rose muss dabei gut mit dem Draht verbunden sein. Befestigen Sie anschließend die Blätter und umwickeln Sie den Stiel von oben nach unten mit Floristenband.

Schleifen binden

Für einzelne Rosen, aber auch für viele Dekorationen benötigt man Schleifen.
Ich bevorzuge ein schmales Band und lege die Schleifen mal einfach, mal doppelt.
So binden Sie eine einfache Schleife:

1. Halten Sie das Band zwischen Daumen und Zeigefinger.
2. Legen Sie die Schlaufe nach hinten und halten Sie sie fest.
3. Legen Sie das Band von unten nach oben zur Mitte und halten Sie es wieder fest.
4. Legen Sie die Schlaufe nach hinten und halten Sie sie erneut fest.
5. Legen Sie das Band von unten nach oben zur Mitte und halten Sie es fest.
6. Legen Sie nun ein Stück Draht quer über die Mitte und führen Sie beide Enden nach hinten zusammen. Drücken Sie Ihren Zeigefinger von unten auf die Schleife an den Draht. Fassen Sie die Schleife oben zusammen und drehen Sie sie einige Male.

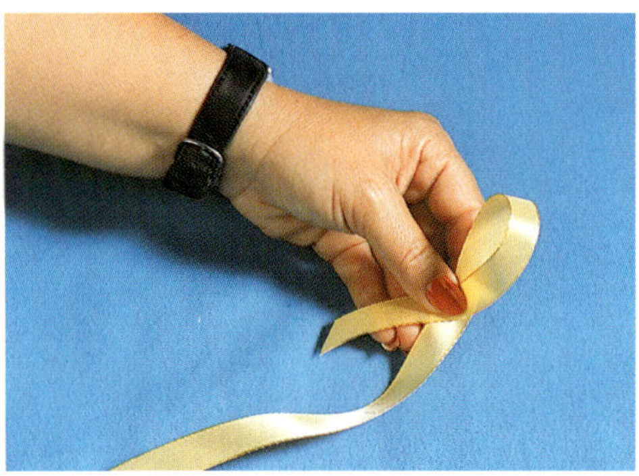

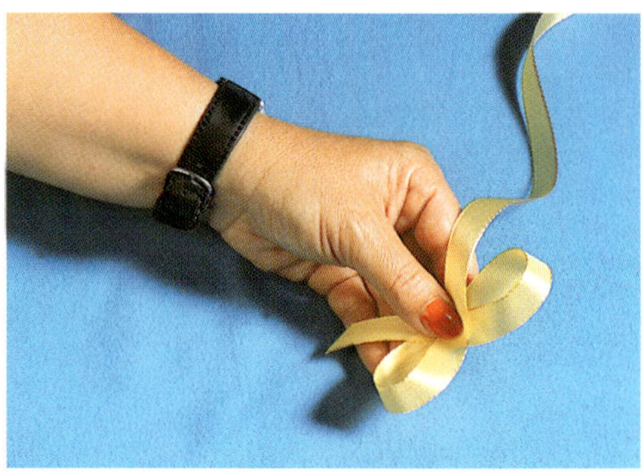

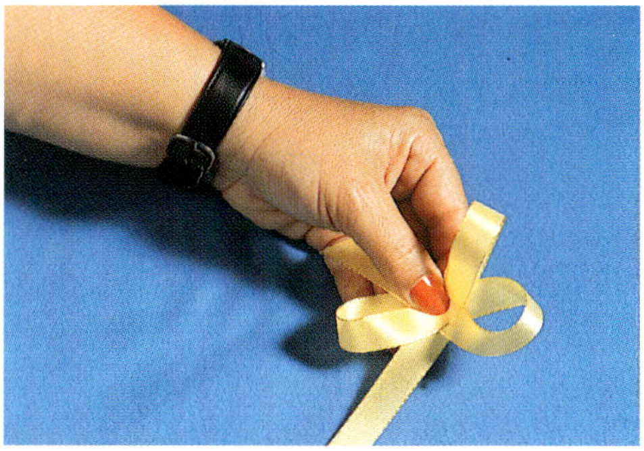

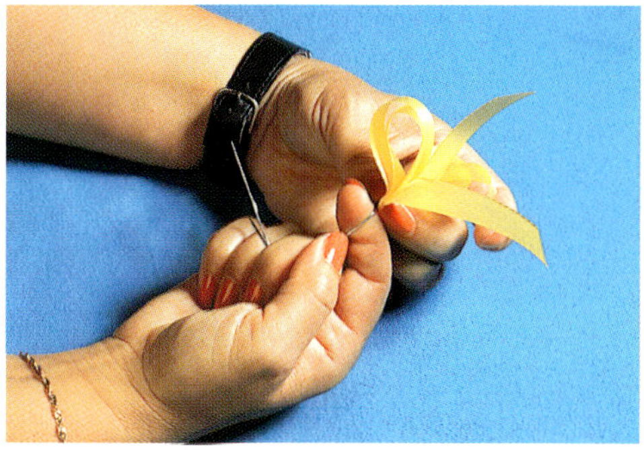

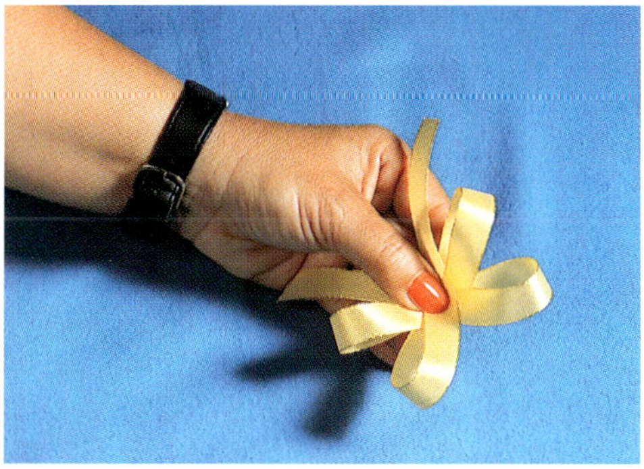

Bei der doppelten Schleife werden zwei Schleifen, wie auf S. 8 beschrieben, gearbeitet. Legen sie anschließend die beiden Schleifen aufeinander, legen Sie den Draht quer über die Mitte und binden Sie die Schleifen zusammen.

Als Hilfsmittel empfehle ich eine Stecknadel oder eine Büroklammer, um die erste Schleife festzuhalten, bevor sie zum Binden mit der anderen zusammengelegt wird.

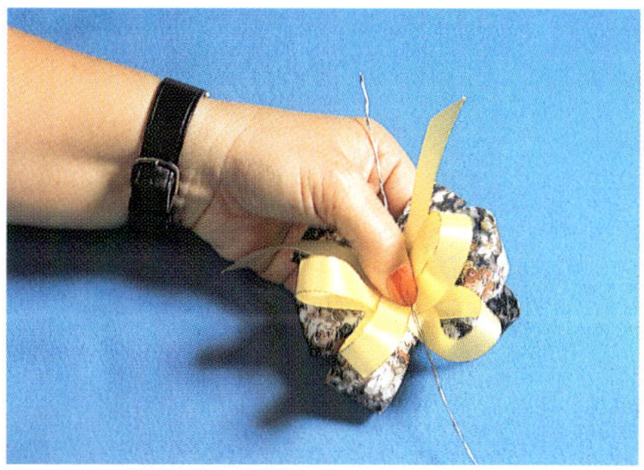

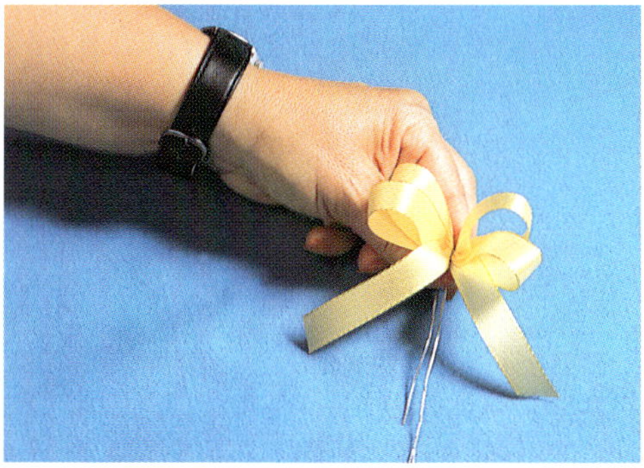

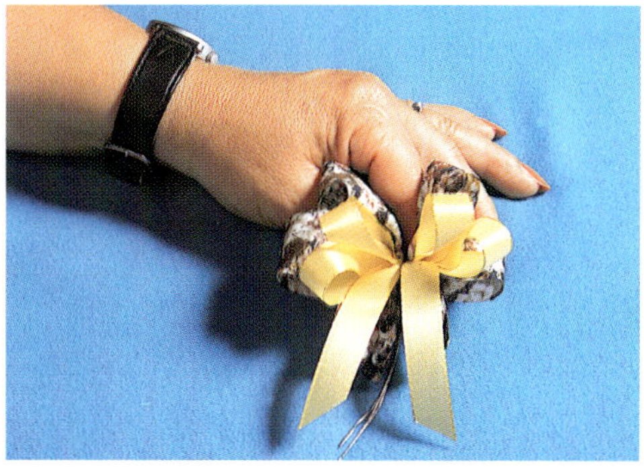

Sträuße aus Rosen

Rosenstrauß

Material

- 3 × 0,6 m Schleifenband mit Drahtkante in Rot, 40 mm breit
- 0,5 m Schleifenband mit Drahtkante in Rot, 40 mm breit
- 0,4 m Schleifenband mit Drahtkante in Rot, 40 mm breit
- 1,8 m Schleifenband mit Drahtkante in Creme, 40 mm breit
- 0,7 m Tüllband in Creme, 72 mm breit
- 1 Keramikvase
- 1 Rebenstraußhalter
- 5 große Seidenblätter
- Efeu, verschiedene Gräser zum Füllen
- 1/2 Wildblütenzweig
- 8 Stück Draht, 1 mm stark
- Messingdraht, 0,3 mm stark
- grünes Floristenband
- Trockensteckmasse
- Heißleim

Anleitung

Drehen Sie fünf Rosen in verschiedenen Größen gemäß der Grundanleitung (S. 6) und fertigen Sie Rosenstiele für die Blüten an. Ein Rebenstraußhalter bildet die Unterlage des Straußes.

Befestigen Sie auf der Oberseite fünf gleich große Blätter im Kreis. Auf der Mitte des Straußhalters wird etwas Trockensteckmasse mit Heißleim aufgeklebt.

Als Füllmaterial benutzen Sie Gräser, die Sie von außen nach innen in die Steckmasse einstecken.

Stecken Sie nun den Efeu, den Wildblütenzweig sowie die Rosen in unterschiedlicher Höhe in die Trockensteckmasse.

Aus dem cremefarbenen Schleifenband werden zwei doppelte Schleifen und aus dem Tüllband eine einfache Schleife gebunden, mit einem Drahtstiel versehen und ebenfalls eingesteckt.

Rosen in Gelb-Orange

Material

- 2 × 0,7 m Schleifenband in Gelb, 40 mm breit
- 2 × 0,7 m Schleifenband in Hellorange, 40 mm breit
- 2 × 0,3 m Schleifenband in Kupfer, 25 mm breit
- 0,5 m Schleifenband in Kupfer, 25 mm breit
- 1 m Schleifenband mit Drahtkante in Orange, 40 mm breit
- 1 m Satinband in Kupfer, 3 mm breit
- 1 m Kordel in Grün
- Naturbast
- 1 Palmsnak in Kupfer
- Myrte
- verschiedene Gräser
- 2 Stück Draht, 1 mm stark
- 2 Stück Messingdraht, 0,3 mm stark
- 2 × 3 Rosenblätter
- grünes Floristenband
- Heißleim

Anleitung

Drehen Sie eine kleine Rose nach der Grundanleitung (S. 6) mit Schleifenband in Kupfer und zwei Rosen aus doppeltem Band, wobei für das Mittelteil noch ein drittes Band hinzugenommen wird. Ein ca. 30 cm langes Stück Band in Kupfer wird am Anfang mit dem gelben und orangefarbenen Band zusammengedreht.

Verarbeiten Sie das weitere Material und die Rosen wie folgt zu einem Gebinde:

Legen Sie den Palmsnak zur Schlaufe, binden Sie die Gräser, das Füllmaterial und den Bast dazu, schneiden Sie die Stiele zurück und kleben Sie das Ganze mit Heißleim auf den Rand der Vase. Kleben Sie anschließend eine doppelte Schleife aus dem orangefarbenen Drahtband, eine doppelte Schleife aus dem kupferfarbenen Satinband und eine doppelte Schleife aus der grünen Kordel hinzu. Zum Schluss wird die kleine Rose in die Mitte geklebt.

Zauberhafte Rosen

Brosche

Material

- 0,6 m Schleifenband in Blau, 40 mm breit
- 0,6 m Spitzenband in Weiß, 25 mm breit
- 0,6 m Spitzenband in Weiß, 25 mm breit
- 0,6 m Schleifenband mit Drahtkante in Blau, 25 mm breit
- 0,5 m Satinband in Blau, 3 mm breit
- 1 Broschennadel
- Messingdraht, 0,3 mm stark
- Heißleim

Anleitung

Drehen Sie gemäß Grundanleitung (S. 8) eine Rose aus blauem Schleifenband und weißer Spitze und binden Sie ebenfalls je eine Schleife daraus. Die Schleifen und die Rose werden mit blauem Satinband zusammengebunden und aus den Enden des Satinbandes wird zusätzlich noch eine Schleife geklebt. Zuletzt wird die Rose mit Heißleim auf der Broschennadel befestigt.

Haarspange

Material

- 0,6 m Schleifenband mit Drahtkante in Türkis, 40 mm breit
- 0,6 m Spitzenband in Dunkelblau, 25 mm breit
- 0,6 m Schleifenband mit Drahtkante in Türkis, 40 mm breit
- 0,5 m Satinband in Dunkelblau, 3 mm breit
- 0,4 m Perlschnur in Petrol
- 1 Haarspange
- Messingdraht, 0,3 mm stark
- Heißleim

Anleitung

Drehen Sie eine Rose aus dem blauen Spitzenband und dem türkisfarbenen Band nach der Grundanleitung (S. 8). Binden Sie eine doppelte Schleife aus dem türkisfarbenen Band und eine einfache Schleife aus Perlschnur. Die Schleifen und die Rose werden mit dem dunkelblauen Satinband zusammengebunden und aus den Enden des Satinbandes zusätzlich noch eine Schleife gelegt. Zuletzt kleben Sie auf die Unterseite die Haarspange mit Heißleim fest.

Geschmückte Geschenke

Kleine Geschenkdose

Material

- 1 Pappdose, 80 × 60 mm
- Granitfarbe und Pinsel
- 1,5 m Schleifenband in Lindgrün, 5 mm breit
- 0,7 m Schleifenband mit Drahtkante in Dunkelblau, 25 mm breit
- 0,5 m Schleifenband in Blau, 25 mm breit
- Messingdraht, 0,3 mm stark
- Heißleim

Anleitung

Als Grundlage dient hier eine kleine Geschenkdose, die mit Granitfarbe bemalt wird. Mit dem dünnen Band binden Sie die Dose wie ein Geschenkpaket zusammen. Die Enden, die sich auf der Mitte der Dose treffen, werden zweimal verknotet.

Legen Sie aus dem dunkelblauen Band eine Schleife und binden Sie diese mit den Bändern der Geschenkdose fest.

Drehen Sie aus dem blauen Band eine Rose nach der Grundanleitung (S. 6) und befestigen Sie diese an den Bändern der Geschenkdose mit Heißleim. Schließlich wird aus diesen Bändern ebenfalls eine Schleife gebunden.

Schmale Flasche in Rosa

Material

- 1 Flasche
- bunt eingefärbter Sand
- Efeu
- 1 m Schleifenband in Beige, 40 mm breit
- 1 m Schleifenband in Grün, 25 mm breit
- 0,6 m Schleifenband in Rosa, 40 mm breit
- 0,6 m Schleifenband in Beige, 25 mm breit
- 0,5 m Schleifenband in Brombeer mit Farbverlauf von Hell nach Dunkel, 40 mm breit
- Messingdraht, 3 mm stark
- Heißleim

Anleitung

Nachdem Sie die Flasche gesäubert haben, wird sie schichtweise mit verschiedenfarbigem Sand gefüllt und mit einem Korken verschlossen. Drehen Sie eine Rose in Brombeer gemäß der Grundanleitung (S. 6) und eine weitere aus einem schmalen beige- und einem rosafarbenen Band. Anschließend wird je eine Schleife aus grünem und aus beigefarbenem Band gebunden, wobei die Enden lang belassen werden sollten. Kleben Sie nun den Efeu, dann die Schleife und die Rosen gemäß der Abbildung auf die Flasche.

Blaugrüne Flasche

Material

- 1 Flasche
- bunt eingefärbter Sand
- 1 m Schleifenband in Beige, 40 mm breit
- je 0,7 m Schleifenband in Blau und Lindgrün, 40 mm breit
- 0,5 m Schleifenband in Blau, 25 mm breit
- 0,6 m Schleifenband in Lindgrün, 40 mm breit

Anleitung

Zuerst wird die Flasche gesäubert. Aus dem lindgrünen und blauen Band wird eine Rose nach der Grundanleitung (S. 8) gedreht. Aus dem beigefarbenen Band binden Sie eine doppelte Schleife, aus den beiden anderen je eine einfache Schleife, lassen Sie an allen Schleifen die Enden etwas länger.
Am Flaschenhals kleben Sie mit Heißleim die zwei einfachen Schleifen auf, darauf die Rose und auf der anderen Seite die große Schleife.

Gestreifte Rose

Material

- 1,0 m Schleifenband mit Drahtkante, gelb-weiß gestreift, 40 mm breit
- 0,6 m Schleifenband mit Drahtkante, gelb-weiß gestreift, 40 mm breit
- 2,5 m Kordel in Weiß
- 1,2 m Juteband in Natur, 70 mm breit
- 1 Bogen Wellpappe in Violett
- grüner Naturbast
- Messingdraht, 0,3 mm stark

Anleitung

Als Verpackung ist hier Wellpappe besonders gut geeignet. Schneiden Sie aus dieser zwei Streifen von ca. 23 × 46 cm zu. Falten Sie den einen Streifen zu einem Quadrat, indem Sie 11,5 cm auf jeder Seite nach innen einschlagen. Den zweiten Streifen legen Sie quer über den ersten, sodass Sie beim Falten die offenen Seitenteile des ersten Streifens verschließen. Dieses Päckchen wird nun mit der weißen Kordel verschnürt. Binden Sie eine Schleife mit drei Schlaufen aus dem Juteband und fügen Sie zwei Bänder in Gelb-Weiß, je zu einer Schlaufe gelegt, dazu. Aus dem gelb-weiß gestreiften Band drehen Sie, wie in der Grundanleitung S. 6 beschrieben, eine Rose. Anschließend wird der Bast angedrahtet und zur Rose gebunden. Die Rose wird ebenfalls mit der weißen Kordel festgebunden. Den Abschluss bildet eine aus der Kordel gebundene Schleife.

Geschenkrolle

Material

- Wellpappe in Natur, 50 × 20 cm
- 2 Holzringe, 55 cm Ø
- 1 m Buchs-Girlande
- Gras
- 1,5 m Schleifenband mit Drahtkante in Grün, 40 mm breit
- 0,5 m Baumwollkordel in Creme
- 0,8 m Schleifenband mit Drahtkante in Apricot, 60 mm breit
- 0,6 m Schleifenband in Kupfer mit Drahtkante, 40 mm breit
- Messingdraht, 0,3 mm stark
- Heißleim

Anleitung

Drehen Sie die Wellpappe zu einer Rolle und binden Sie diese mit der Baumwollkordel in der Mitte zusammen.

An den beiden Enden kleben Sie die Holzringe mit Heißleim auf. Die beiden Rosen aus dem apricot- und kupferfarbenen Band werden gemäß der Grundanleitung (S. 6) gearbeitet.

Binden Sie aus dem grünen Band eine einfache und eine doppelte Schleife. Kleben Sie mit Hilfe des Heißleims zuerst den Buchs, das Gras, dann die Schleife und zuletzt die Rose auf.

Sandkissen

Material

- Wildseide, 50 × 50 cm
- feiner Sand (Quarzsand)
- 2 Plastikbeutel
- 1 Beerenast in Blau
- 0,7 m Band in Grün, 40 mm breit
- 1 m Satinband in Aubergine, 6 mm breit
- 0,6 m Band in Creme, transparent, 40 mm breit
- 0,6 m Band in Creme opak, 40 mm breit
- Messingdraht, 0,3 mm stark
- Heißleim

Anleitung

Füllen Sie den Sand in zwei ineinander gesteckte Plastikbeutel und binden Sie diese gut zu. Anschließend wird die Wildseide so um die Sandbeutel gelegt, dass ein kleines Säckchen entsteht, das oben mit dem Satin-Band zugebunden wird. Drehen Sie nun aus den beiden cremefarbenen Bändern eine doppelte Rose, gemäß der Grundanleitung S. 8, und aus dem grünen Band legen Sie eine einfache Schleife. Kleben Sie mit Heißleim erst den Beerenast, dann die Schleife und schließlich die Rose auf. Zum Schluss wird aus den Enden des Satinbandes eine Schleife gebunden.

Glas mit farbigen Körnern

Material
- 1 Einkochglas
- verschiedene Körner
- Naturbast
- 0,6 m Juteband in Natur, 70 mm breit
- 2 × 0,6 m Schleifenband in Orange, 40 mm breit
- 0,6 m buntes Schleifenband, 40 mm breit
- 1 roter Beerenpick
- Gerste und Hafer
- 1 Seidenblatt
- Heißleim
- Messingdraht, 0,3 mm stark

Anleitung

Füllen Sie das Einkochglas mit verschiedenfarbigen Körnern (z.B. Grünkern, Mais, Sonnenblumenkerne, Kürbis und Sojakörner).

Verschließen Sie das Glas und umwickeln Sie es mit Naturbast, die Enden werden zu einer Schleife gebunden.

Kleben Sie mit Heißleim das zur Schlaufe gelegte Juteband, dann das zur einfachen Schleife gelegte bunte Band, dazwischen den Hafer, die Gerste und die roten Beeren auf das Glas.

Anschließend wird das Seidenblatt auf dem Glasdeckel befestigt.

Drehen Sie gemäß der Grundanleitung (S. 6) zwei Rosen aus dem orangefarbenen Band und kleben Sie diese auf das Glas.

Jetzt wird noch das Seidenblatt auf dem Glasdeckel mit Heißleim befestigt und zum Schluss werden die zwei Rosen auf die Schleifen geklebt.

Spandose mit Herzen

Material

- 1 Spandose, 14 cm ∅
- 1 grünes Schilfrohr, 75 cm lang
- 1 Sternanis
- 2 Holzherzen, gebündelt
- 0,5 m Buchs-Girlande
- Naturbast
- 0,6 m Schleifenband mit Drahtkante in Grün, 40 mm breit
- 0,6 m Schleifenband in Gelb, 40 mm breit
- 0,5 m Schleifenband in Rot, 25 mm breit
- Messingdraht, 0,3 mm stark
- Heißleim

Anleitung

Diese Dose aus Holzspan wird in unbehandeltem Zustand verarbeitet. Drehen Sie eine kleine und eine große Rose, wie in der Grundanleitung S. 6 beschrieben. Aus dem grünen Band sowie aus dem Bast und der Buchs-Girlande binden Sie jeweils eine einfache Schleife. Um die Mitte des Sternanis wickeln Sie dünnen Messingdraht. Schneiden Sie das Schilfrohr in drei gleich große Stücke (ca. 25 cm) und wickeln Sie diese mit Messingdraht zusammen. Kleben Sie oben auf die Mitte der Dose das Schilfrohrbündel, als nächstes den Buchs, dann den Bast, jetzt die Schleife, die zwei Rosen und zum Schluss den Sternanis.

Servietten-Rose

Material

- 1 große Serviette
- Bast
- 0,5 m Schleifenband mit Drahtkante in Grün, 25 mm breit
- 0,5 m Schleifenband in Apricot, 25 mm breit
- Messingdraht, 0,3 mm stark

Anleitung

Diese Tischdekoration können Ihre Gäste als kleines Andenken mit nach Hause nehmen. Die Rose aus dem apricotfarbenen Band wird gemäß der Grundanleitung gedreht. Die Serviette wird diagonal von einer Spitze zur anderen ziehharmonikaförmig gefaltet. Binden Sie die Serviette nun mit etwas dünnem Draht zusammen. Der Bast wird achterförmig gebündelt und mit Draht in der Mitte fest zusammengedreht. Binden Sie aus dem grünen Band eine einfache Schleife und auf diese die Rose sowie den Bast und befestigen Sie das ganze auf der Mitte der Serviette mit dünnem Messingdraht.

Kleiner Tischaufleger

Material
- 0,7 m Kordel in Natur
- 0,3 m Schleifenband mit Drahtkante, kariert, 40 mm breit
- 0,6 m Schleifenband in Kupfer, 40 mm breit
- Getreide-Stiele, z. B. Hafer
- 1 Beere
- Heu
- Bouillon-Draht in Gold
- Messingdraht, 0,3 mm stark
- Heißleim

Anleitung

Binden Sie mit Draht die Getreidestiele zu einem Bündel zusammen. Drehen Sie gemäß der Grundanleitung aus dem kupferfarbenen Band eine Rose.

Aus dem karierten Band binden Sie eine einfache Schleife und befestigen diese an der Rose.

Anschließend werden die Beeren, das Heu und etwas Bouillon-Draht sowie eine doppelte Schleife aus Kordel mit Heißleim auf das Getreidebündel aufgeklebt.

Tischschleife

Material

- 1,5 m Juteband in Natur, 70 mm breit
- 1,5 m Naturband mit Drahtkante, 40 mm breit
- 1,2 m Baumwollkordel in Grün
- 0,5 m Buchs-Girlande
- 0,7 m Schleifenband in Rot, 40 mm breit
- Messingdraht, 0,3 mm stark
- Heißleim

Anleitung

Aus dem roten Band drehen Sie eine große Rose wie in der Grundanleitung beschrieben. Binden Sie den Naturbast zu einer einfachen Schleife, die dünne Buchs-Girlande wird ebenfalls zu einer einfachen Schleife gebunden, aber so, dass die Enden nicht überstehen. Aus dem Juteband und dem Naturband wird je eine einfache und aus der Baumwollkordel eine doppelte Schleife gebunden. Binden Sie alle Schleifen der Reihe nach aufeinander. Zuerst Jute, dann das Naturband und zuletzt die Schleife aus Bast. Die Rose, die Kordelschleife und der Buchs werden mit Heißleim aufgeklebt.

Diese Dekoration kann entweder als Tischschleife verwendet werden oder aber als Wand- bzw. Türdekoration. In diesem Fall können Sie eine Drahtschleife an der Rückseite als Aufhängung befestigen.

Festliches Tischgebinde

Material

- 1 ovaler Glasteller
- 2 große Seidenblätter
- Mini-Efeu, Myrte, Broom-Bloom, Gras
- kleine blaue Beeren
- 1 Wildblütenzweig
- Trockensteckmasse
- Heißleim
- 4 × 0,6 m Schleifenband mit Drahtkante in Blau, Farbverlauf von Hell nach Dunkel, 40 mm breit
- 3 m Silberfaden
- 2 m Spitzenband in Creme, 25 mm breit
- Messingdraht, 0,3 mm stark
- 4 × Stieldraht, 1 mm stark

Anleitung

Drehen Sie aus dem blauen Band gemäß der Grundanleitung 4 Rosen und fertigen Sie, wie auf S. 8 beschrieben, Blumenstiele an. Kleben Sie nun auf den Glasteller die Trockenmasse auf und stecken Sie anschließend die Zweige:

Gegeneinander werden die großen Seidenblätter gesteckt, darauf das Mini-Efeu, dann die Wildblütenzweige, die kleinen blauen Beeren, zum Füllen die Myrte, den Broom-Bloom und das Gras. An beiden Seiten werden je zwei Rosen und eine doppelte Schleife aus dem Silberfaden befestigt. Als Mittelpunkt werden je zwei doppelte Schleifen aus Spitzenband und Silberfaden eingesteckt.

Phantasievoller Wand- und Raumschmuck

Rosenkugel mit Seidenschal

Material

- 1 Kunststoff-Kugel, 10 cm ∅
- 1 Seidenschal in Orange-Grün
- 1,7 m Schleifenband mit Drahtkante in Grün, 25 mm breit
- 1 m Spitzenband in Creme, 25 mm breit
- 2 m Satinband in Grün, 5 mm breit
- 0,5 m Schleifenband in Orange-Grün, 40 mm breit
- Messingdraht, 0,3 mm stark
- Heißleim

Anleitung

Diese Kugel kann nicht nur als Raumschmuck, sondern auch als Geschenkverpackung verwendet werden. In der Kugel befindet sich ein Seidenschal, nach dem Dekorieren kann man die Kugel immer noch öffnen und schließen.

Befestigen Sie das Satinband an der Öse der Kugel. Drehen Sie aus dem orange-grünen Band eine Rose nach der Grundanleitung. Aus dem grünen Band binden Sie zwei doppelte Schleifen, aus dem Spitzenband zwei einfache und aus dem grünen Satinband eine doppelte Schleife. Kleben Sie dann die Schleifen der Reihe nach auf, zuletzt wird die Rose mit Heißleim befestigt.

Stabdekoration

Material
- 1 Terrakotta-Stab
- 2 Holzherzen am Draht
- 2 kleine Blumentöpfe
- 1 kleine Terrakotta-Gans
- Gräser und 3 Ähren
- Naturbast
- 0,5 m Buchs-Girlande, klein
- 1 m grüne Kordel
- 0,3 m Juteband in Natur, 70 mm breit
- 0,5 m kariertes Schleifenband, 40 mm breit
- je 0,6 m Schleifenband in Gelb und Orange, 40 mm breit
- 0,5 m kariertes Schleifenband, 40 mm breit
- 0,5 m Schleifenband in Gelb, 40 mm breit
- 1 m Satinband in Grün, 40 mm breit
- Messingdraht, 0,3 mm stark
- Heißleim

Anleitung

Drehen Sie jeweils eine Rose gemäß Grundanleitung in Gelb und Orange sowie eine kleine Rose aus gelbem und kariertem Band. In der Mitte des Terrakotta-Stabes befestigen Sie mit grünem schmalen Band eine Aufhängung und die grüne Kordel, an der Sie die kleinen Blumentöpfe befestigen.
Ebenfalls auf den Stab werden mit Heißleim die Gräser, die Ähren, die Buchsgirlande, die Holzherzen und der Naturbast aufgeklebt. Eine einfache Schleife aus dem Juteband und eine aus dem karierten Band werden an beiden Seiten befestigt.
Zum Schluss werden die kleine Terrakotta-Gans und die Rosen aufgeklebt.

Rebenhut

Material
- 1 Rebenhut
- 2 Mini-Efeuranken
- 13 kleine Beeren in Apricot
- 1 große Beere in Orange-Grün
- Naturbast und Myrte
- 1 m kariertes Band, 40 mm breit
- 1,2 m zartes Band in Creme, 40 mm breit
- 1,2 m Baumwollkordel
- 2 × 0,6 m Schleifenband in Orange-Grün, 40 mm breit
- Messingdraht, 0,3 mm stark
- Heißleim

Anleitung

Drehen Sie aus dem orange-grünen Band, wie in der Grundanleitung beschrieben, zwei Rosen. Aus dem karierten Band binden Sie eine einfache Schleife, aus dem cremefarbenen Band eine doppelte Schleife und aus der Baumwollkordel ebenfalls eine einfache Schleife. Die apricotfarbenen Beeren binden Sie zu einem kleinen und einem großen Sträußchen. Aus dem grünen Naturbast werden zwei Schlaufen gelegt und mit Draht befestigt. Mit Heißleim kleben Sie zuerst die Mini-Efeuranken auf, dazwischen dann die beiden Rosen untereinander. In der Mitte werden die großen Beeren und an der Seite die kleinen Beeren befestigt. Anschließend werden Gräser und Bast aufgeklebt und zuletzt nacheinander die Schleifen, erst die karierte, dann die cremefarbene und schließlich die Kordel.

Rosenkranz

Material

- 1 Styroporkranz, 17 cm ∅
- 2,5 m Schleifenband in Grün, 25 mm breit
- 7,0 m Schleifenband in Weinrot, 25 mm breit
- 7,5 m Schleifenband in Rosa, 25 mm breit
- 8,0 m Schleifenband in Apricot, 25 mm breit
- 4,5 m Schleifenband in Grün, 25 mm breit
- Messingdraht, 0,3 mm stark
- Stecknadeln
- 1,2 m Schleifenband mit Drahtkante in Grün, 40 mm breit
- 0,6 m Schleifenband in Rosa, 25 mm breit
- 1,0 m Schleifenband in Apricot, 10 mm breit

Anleitung

Umwickeln Sie den Styroporkranz mit 2,5 m grünem Band und befestigen Sie das Ende mit Stecknadeln.

Drehen Sie gemäß der Grundanleitung (S. 6) 14 Rosen in Weinrot, 15 in Rosa, 16 in Apricot und 9 Rosen in Grün.

Schneiden Sie bei jeder Rose das überstehende Band unterhalb des gewickelten Drahtes ab. Stecken Sie nun die Rosen farblich versetzt mit Stecknadeln auf den Kranz und lassen Sie eine Stelle für die Schleife frei.

Befestigen Sie dort ebenfalls mit Stecknadeln eine große Schleife aus den drei Bändern mit Drahtkante.

ENGLISCH VERLAG Bücher für Kreative

ISBN 3-8241-0828-3
Broschur, 32 Seiten

ISBN 3-8241-0758-9
Broschur, 32 Seiten

ISBN 3-8241-0778-3
Broschur, 32 Seiten

ISBN 3-8241-0791-0
Broschur, 64 Seiten

ISBN 3-8241-0708-2
Broschur, 32 Seiten

Lust auf Mehr?

Liebe Leserin, lieber Leser,

natürlich haben wir noch viele andere Bücher im Programm. Gerne senden wir Ihnen unser Gesamtverzeichnis zu. Auch auf Ihre Anregungen und Vorschläge sind wir gespannt. Rufen Sie uns einfach an oder schreiben Sie uns.

Englisch Verlag GmbH
Postfach 2309 · 65013 Wiesbaden
Telefon 0611/94272 - 0 · Telefax 0611/9427230